DISCOURS

PRONONCÉ LA VEILLE DE LA FÊTE

DE LA PAIX,

17 BRUMAIRE AN X,

Dans le Temple des Protestans de Paris;

PAR PAUL-HENRI MARRON.

DISCOURS

PRONONCÉ LA VEILLE DE LA FÊTE

DE LA PAIX.

Rom. XIII, vers. 13. *Conduisez-vous avec honneur.*

DANS la publique allégresse qu'excite le retour de la paix générale, à la veille de la so-
lemnelle célébration d'une fête qu'appelloient
depuis tant d'années nos vœux impatiens,
qu'elle est mon entreprise, Chrétiens mes chers
Frères, de faire retentir à votre oreille ce cri
qui fut si souvent un cri de vengeance, un cri
de ralliement désorganisateur, un cri de sang:
Conduisez-vous avec honneur? Malheur à moi

sans doute, si je vous appellois à *l'honneur* de préjugé, à cet *honneur* digne de la férocité des tems barbares, où, dans le sommeil des loix, le droit du plus fort étoit le meilleur; où l'on voyoit dans un assassinat le *jugement de Dieu;* où le plus beau triomphe de la raison et de la piété, le pardon des injures, étoit traité de lâcheté et flétri par l'opprobre! Malheur à moi, si, dans la réconciliation universelle, oubliant également et les convenances, et l'esprit de l'Evangile, je portois dans cette chaire une doctrine de haine et de ressentiment ; si je méprisois à ce point l'avantage de me trouver à l'unisson de vos cœurs, d'être applaudi du moins par la sagesse et la sensibilité, quand je n'ose espérer de l'être par le goût et par la justice! — Mais, Chrétiens, en admettant que la précipitation de quelques-uns d'entre vous m'ait déja frappé de cet anathême, je me persuade qu'il ne tarderont pas à le révoquer, à mesure qu'ils suivront le développement des paroles de mon texte, et leur application aux circonstances qui nous ont spécialement réunis dans cette mémorable journée.

Oui! elle est mémorable, elle fera à jamais époque dans notre terrestre carrière, cette journée qui rend enfin à la France, qui rend à l'Europe un repos presque inespéré,—Une branche d'olivier apportée par une colombe fut, dans les tems les plus reculés, à la seule famille préservée de l'universelle destruction, le gage de la cessation du plus redoutable fléau, le symbole de la céleste paix. Quels durent être, dans le second père du genre humain, les tres-saillemens de joie, quelles la vivacité de ses transports et l'effusion de sa gratitude à la vue de ce messager de salut ! Mes Frères, depuis un dixième de siècle, un déluge de maux couvroit notre patrie, couvroit l'humanité éperdue. Les régions les plus lointaines avoient été successivement enveloppées dans les scènes les plus déchirantes de ruine et de carnage. Il se préparoit encore des projets qui, par leur hardiesse même, devenoient plus allarmans, et auxquels (si j'ose m'exprimer ainsi) sembloient sourire les abîmes de l'Océan avides de proie. — La branche d'olivier a aussi calmé nos inquiétudes et dissipé nos craintes. Deux nations dignes de s'estimer, mais depuis trop long-tems ennemies, ont enfin mis un terme à leurs funestes divisions. Il ne restoit à la France qu'un seul peuple à conquérir à la paix ; elle l'y a conquis, et cette conquête l'honore autant qu'aucune de celles qui ont porté au plus haut degré de splendeur la gloire de son nom : que dis-je ? seule vraiment douce, seule pure et sans reproche dans sa jouissance, elle a été applaudie par l'univers entier, et la philosophie et la religion y attachent également leur auguste sceau. Combien donc nous serions à blâmer et à plaindre, si nous ne savions pas honorablement apprécier et goûter un si grand bienfait ! Or, c'est de cette science que je vous apporte ici quelques leçons ; et c'est à ce but que j'ai consacré au milieu de vous le développement de cette parole : *Conduisez - vous avec honneur.* Non, vous ne la repousserez point dans ce sens : exclusivement appliquée ainsi à la conjoncture la plus désirable, elle va fixer pendant quelques instans votre indulgente attention ; et Dieu veuille qu'en vous recueillant sur ses fruits, vous soyez satisfaits de vous-mêmes ! *Amen !*

L'honneur, un des sentimens les plus puissans sur une ame bien née, tient par d'intimes rapports à cet amour de nous-mêmes, commun ressort de toutes nos facultés, imprescriptible régulateur de nos actions. L'un et l'autre bien éclairés et se dirigeant dans les vues du Créateur, sont parfaitement innocens, utiles, recommandables ; l'un et l'autre mal conduits, ne suivant que les fantasques inspirations du caprice et du préjugé, deviennent souverainement funestes et méritent le blâme le plus flétrissant. — Le véritabl' *honneur* n'est pas seulement dans l'opinion des hommes, fugitive, vacillante, précaire; il est dans la nature même des choses; il est dans la raison et dans la conscience de chacun de nous. Ce qui répugne à la nature des choses, ce que réprouvent la raison et le sentiment, ne peut être avoué par l'*honneur*, à moins qu'on ne veuille changer un bien en un fléau, empoisonner, de propos délibéré, une source salutaire et pure. — *L'honneur est l'estime de nous-mêmes, considérée comme le gage du droit que nous avons à l'estime des autres* (1); car souvent l'estime isolée de soi ne suffit pas à l'homme de bien; affligé de ses imperfections, il a besoin de chercher dans les regards, dans le maintien de son semblable, l'expression d'un suffrage qui le rassure et le soutienne. Or, le véritable *honneur* proscrit l'insensibilité, l'ingratitude, le désordre et l'égoïsme. Donc, si nous voulons marcher sous sa banière dans les sentiers de la paix; si nous voulons acquérir une légitime part aux nouvelles destinées de bonheur que la paix prépare à notre patrie et à l'humanité entière, nous devons apprécier cet avantage à son entière valeur; nous devons re-

____

(1) *Encycl.*, art. *Honneur.*

monter à sa source et payer à son auteur un tribut mérité de reconnoissance ; nous devons enfin le sanctifier par la vertu, et sur-tout par une bienfaisance empressée, expansive. Reprenons et développons ces idées.

Le véritable *honneur* proscrit l'insensibilité et l'ingratitude ; il commande une sage appréciation des bienfaits reçus, un légitime retour d'affection, de respect, de dévouement envers leur auteur. Parmi les institutions anciennes les Perses en offrent une bien remarquable ; ils avoient, dans leurs établissemens d'éducation, formé un tribunal de censure, où l'ingratitude sur-tout étoit flétrie par les punitions les plus exemplaires ; et ils comprenoient sous le nom d'*ingrats* tous ceux qui dérogeoient à leurs devoirs envers les Dieux, envers la patrie, envers leurs amis et les auteurs de leurs jours. On aime à reconnoître ici, avec un *écrivain célèbre* (1), ce principe lumineux et fécond, que c'est le sentiment, et non la contrainte, qui doit animer nos actions : celui-ci produit une servile crainte ; l'autre une filiale tendresse. — Pourrois-je donc, mes chers Frères, ne pas porter votre attention sur les immenses avantages de la paix, et ensuite ne pas élever vos concep-

---

(1) Barthélemy, *Voyage d'Anacharsis*, tome VI.

tions à leur adorable source ? — Non , vous ne seriez point dignes de la paix , vous vous déshonoreriez dans sa jouissance , si vous n'y envisagiez point l'état le plus assorti aux besoins et aux vœux du cœur humain ; si, dans un doux transport d'allégresse, vous n'en voyiez point jaillir avec abondance les plus riches bénédictions. La guerre n'est-elle pas de tous les fléaux de l'humanité le plus triste à la fois et le plus honteux ? Considérez-la dans ses causes, dans ses fureurs, dans ses effets ; combien (si vous n'avez point abjuré tous les sentimens de la nature) vous trouverez à gémir de ce que ni la raison, ni la piété, ni la philosophie, ni l'Evangile, n'ont pu affranchir encore notre espèce de cette épouvantable calamité ! — Elle naît de la haine, de l'orgueil, de l'ambition, de l'avarice, de la soif de vengeance, passions viles, désorganisatrices, cruelles : elle entretient les discordes, nourrit le désordre, envenime et perpétue les ressentimens ; elle se plait dans la dilapidation, dans la destruction ; elle traîne à sa suite la ruine et le désespoir ; elle règne, au milieu d'une vaste solitude, sur des monceaux de cadavres, de débris, et is la cendre et le sang. Contemplez ces campagnes dévastées, ces moissons perdues, ces monumens de l'industrie, ces chefs-d'œuvre des arts, mutilés, anéantis. Entendez ces cris de la veuve et de l'orphelin. — Quel malheur provoque les gémissemens et les pleurs de ce vieillard inconsolable? Hélas! c'est la perte d'un fils, unique espoir de ses cheveux blancs. — Quels sont ces troncs d'hommes qui se traînent douloureusement dans le sein de nos cités? Ce sont des braves pour qui l'airain meurtrier ne fut pas assez impitoyable. — Mais tirons le voile sur ces navrans tableaux, et, si telle est la peinture hideuse, mais vraie, de l'état dont nous sortons, ah! bénissons un changement aussi propice; félicitons-en l'humanité, la patrie; que chacun, au milieu de ses plus tendres relations, s'en réjouisse! que par-tout éclatent la satisfaction, l'allégresse! — Opposez à cet effrayant cortège de la guerre les innombrables bienfaits et les douces jouissances de la paix. Sur ses pas marchent la sécurité; l'abondance, le repos, la prospérité; l'agriculture, les sciences, les arts refleurissent; le commerce revivifie nos ports et nos cités; la population reprend son utile équilibre; les ressources de l'Etat ne sont plus livrées à la rapacité, à la profusion; l'ordre et l'économie enrichissent le trésor public. — Mères sensibles, tendres sœurs, fidelles épouses, cessez vos allarmes, calmez vos inquiétudes! les jours de ceux que vous aimez, ne sont plus en danger. Voici le terme d'un éloignement doulourreux! ils revolent dans vos bras; ils sont rendus à leurs foyers; rassassiés de gloire, ils vont auprès de vous se rassassier de bonheur.— Les mœurs perdent peu à peu cette teinte farouche qui en altéroit l'aménité et le charme; mais le caractère, trempé par l'habitude du péril et par de longues privations, n'en sera que plus mâle et plus énergique; il aura gagné de la franchise, de la loyauté, de la force. Ainsi le mal même ne sera pas infécond en heureux résultats, et tant de sacrifices ne manqueront pas entièrement de compensation.— Telle est, mes Frères, la riante perspective qu'ouvre devant nous le retour de la paix; et notre œil, après l'avoir parcourue avec ravissement, ne s'éleveroit-il pas, mouillé de douces larmes, vers l'éternelle et intarissable source de tout bien? nous bornerions-nous dans nos louanges aux causes secondes, si insuffisantes, si fragiles, et ne remonterions-nous point à la première cause, illimitée dans sa puissance, dans sa bonté, dans sa sagesse? Ah! *conduisons-nous avec honneur,* en ne point nous assimilant aux bêtes brutes; mais en donnant à notre intelligence et à notre sensibilité l'étendue et la direction éminemment dignes d'elles. —

On désespéroit universellement des ressources de l'humaine politique; on ne voyoit de toutes parts que difficultés et obstacles. Le moyen d'appaiser ces animosités invétérées, de satisfaire ce cupide orgueil! le moyen d'offrir des dédommagemens, de remettre l'équilibre! Plus on s'occupoit de ces pensées, et plus on s'y perdoit. — Dieu appelle la lumière du sein des ténèbres : la voix qui débrouilla le cahos des élémens, débrouille celui des passions. Il veut que le feu de la discorde s'éteigne, et sa volonté s'accomplit: il veut que le glaive étincellant rentre dans son fourreau, et le glaive n'a plus soif de sang: il veut qu'un héros couvert de lauriers renonce à en cueillir de nouveaux ; qu'une nation enrichie par ses conquêtes maritimes, achète, en s'en dépouillant, un repos qui lui est autrement interdit; et le héros soumis, et la nation docile, obéissent à sa voix. Providence adorable! oui, c'est toi seule qui nous rends la paix! Tu as rompu la ligue des rois conjurés! tu les as disposés à des sacrifices inouis! tu as préservé des complots d'une rage assassine notre jeune guerrier dont le nom seul vaut une armée! tu l'as fait aller, du sein de sa gloire, au-devant d'une réconciliation qui devoit mettre le sceau à l'œuvre de tes miséricordes ! L'obstination du dernier de nos ennemis a fléchi ; sa politique, de dilatoire et tortueuse, est devenue empressée à seconder nos vœux, droite et libérale dans ses concessions. — Providence adorable ! à toi seule en soient l'honneur et la louange ! agrée nos actions de graces ! *Ta droite, ô Eternel ! a fait vertu ! ta droite s'est signalée avec une irrésistible puissance ! ta droite, ô Eternel ! a fait vertu !*

Le véritable *honneur* ne proscrit pas moins l'inconséquence, le désordre, qu'il ne proscrit l'insensibilité et l'ingratitude. La raison marque du cachet flétrissant de la honte ces êtres absurdes dont la conduite offre une perpétuelle contradiction avec leurs principes. Ce travers fait aussi mal augurer de notre esprit que les vices dont nous venons de parler, donnent de fâcheuses inductions sur notre cœur. Donc, si nous voulons marcher avec *honneur* sous la banière de la paix, nous devons revêtir toutes les dispositions et déployer dans notre conduite sociale toutes les qualités qui tendent au maintien de la paix, qui, en même tems qu'elles le perpétuent, en ornent et en embellissent le règne. — Je dirai, en un mot, que la paix et la vertu sont entre elles dans un intime rapport, et que la vertu et l'*honneur* sont également inséparables, à moins qu'on n'attache à l'une et l'autre des notions absolument arbitraires et vagues. — Je me plais à rapporter ici un mémorable trait de l'histoire ancienne. Un illustre Romain, qui cinq fois honora par son caractère l'éminente dignité de Consul, et que la reconnoissance de ses concitoyens appella *l'épée de Rome*, *Marcellus* eut une idée digne de lui; il voulut élever un temple *à l'Honneur et à la Vertu*. Mais les Pontifes consultés sur ce noble dessein, lui répondirent qu'un seul temple seroit trop étroit pour deux aussi grandes Divinités. *Marcellus* goûta leurs raisons, et il fit à la fois construire deux temples, mais touchant l'un à l'autre, et bâtis de manière qu'il falloit passer par le temple de la *Vertu* pour arriver à celui de l'*Honneur*. Sublime allégorie! grande et importante leçon, dont il n'est aucun de vous (j'ose le croire) qui ne saisisse le sens, qui n'avoue la vérité! — La *vertu* est l'amour de l'ordre : le désordre et le déshonneur sont liés par une incontestable affinité. La *vertu* est essentiellement une dans son principe, dans son but, dans ses moyens, dans ses vœux; ce qui la caractérise, est l'harmonie et l'ensemble : le vice est désorganisateur, et il appelle la honte sur ses esclaves, en les menant d'écarts en écarts.

On n'en peut douter, la guerre, fruit de

l'intempérance des passions humaines et du froissement de leur déplorable conflit, tend à les exalter, à les exaspérer encore davantage, à les mettre encore plus dans une funeste opposition entre elles; et ainsi la guerre entretient l'immoralité, la corruption, le désordre social: elle étouffe les affections les plus naturelles; elle est étrangère à tous principes d'économie et de conservation; elle méconnoît dans ses ravages la primitive base de toutes les réunions politiques, le respect pour la propriété. — Pleurons sur la constante récidive de ces malheurs et de ces excès, hélas! si propre à faire croire à leur fatale nécessité. Mais du moins dans leur cessation désirée, au retour de la paix, empressons - nous de rentrer dans les sentiers auxquels nous avions été, pour ainsi dire, arrachés par la plus fâcheuse de toutes les conjonctures. Reprenons, cultivons les vertus de la paix, la fraternelle bienveillance, l'équité, la justice, la loyauté, l'hospitalité, l'économie et l'amour de l'ordre: que tout tende, que tout concoure à une réconciliation franche et universelle, non-seulement au - dehors, mais aussi dans notre intérieur. L'intérieur et le dehors avoient dans nos longues agitations, une connexion trop bien connue. Plus de provocations! plus de défis! plus de ressentimens, d'animosités, de vengeance entre des citoyens ! Passons l'éponge de l'oubli sur les causes, sur les progrès, sur les horribles symptômes d'une crise à laquelle eussent survécu si peu de peuples. Réparons ce qui peut l'être ; modifions, adoucissons, corrigeons le reste. Que la philanthropie et la confiance réorganisent nos rapports brisés ; que l'industrie rappelle le commerce et les manufactures ; que la loyauté, en y présidant, les étende ; que les arts fleurissent sous les auspices de l'aisance et du repos ; que d'usurières opérations cessent ; que l'usure elle-même rentre dans le néant et l'opprobre. Que la loi soit forte par les mœurs, et que les mœurs règnent par la lumière. — N'oublions pas que nous avons combattu et que nous avons triomphé pour la liberté, tandis que nous nous sommes vûs sur le point de périr par la licence ; et ainsi montrons-nous toujours jaloux de la possession de la liberté, mais ne veillons pas moins contre l'anarchie et ses incendiaires suppôts. L'homme vertueux est toujours sûr d'être libre, parce que dans les choses qui se concilient avec les mœurs, il ne lui répugne pas de vouloir ce qu'on exige de lui, et qu'à l'égard de celles qui touchent à sa conscience, il a, dans son courage et dans sa fermeté, des ressources contre la contrainte. On a bien dit que, dans le premier cas, c'est un roseau qui cède au vent, parce qu'il est souple et qu'il ploye ; que dans l'autre, c'est un chêne robuste, dont la roideur à toute épreuve brave la fureur des aquilons (1). Ainsi, nous mériterons cet éloge : *ils se conduisent avec honneur;* et cette nouvelle couronne ne déparera point celle obtenue par le mépris des dangers, par une persévérance inébranlable, par la continuité, le nombre et l'éclat de nos victoires.

Conduisez-vous avec honneur. Je voudrois enfin, Chrétiens mes très-chers Frères, que, dans l'auguste célébration de ce jour, ce cri si fait à tous égards pour passer de vos oreilles à votre cœur, devint pour vous un appel à la bienfaisance, un aiguillon à la charité. Parmi tous les travers un de ceux le plus impitoyablement proscrits par l'*honneur*, c'est l'égoïsme ; et en même-tems il est de tous les vices le plus pernicieux pour la société, le plus contraire, non-seulement à l'esprit de l'Evangile, mais encore au vœu de la nature. Seul reste du grand naufrage de l'innocence primitive, échappé à soixante siècles de révolutions et de crimes, ô humanité ! ton honorable instinct ne sera jamais arraché du siège où le plaça la puissance

______

(1) *Encycl.*, art. *Vertu.*

créatrice ! A l'aspect de l'égoïste, de l'homme dur et blasé, qui fait des efforts sur lui-même pour ne pas compatir au malheur de son semblable, chacun se détourne avec mépris ; un blâme universel frappe son nom odieux, et il est certain d'éprouver à son tour un isolement horrible, si, quelque jour, le sort fait justice de son farouche orgueil, de son inflexible obstination à repousser toutes les inspirations de la miséricorde. — Vous peindrai-je au contraire l'estime, la bienveillance, le respect attachés à la personne de l'homme bienfaisant, la louange et les bénédictions inséparables de ce généreux caractère, l'assistance rénumératrice qui l'attend dans le danger ou dans l'infortune ? — Non, chrétiens, je ne dirais que ce que vous sentez là, et je vous le dirais avec moins d'éloquence. — C'est donc à cet intime tribunal de l'honneur à la fois et du sentiment que je suis sûr de plaider, auprès de vous, avec succès la cause de l'indigence honnête, de la vertu en butte aux contrariétés du sort, ou accablée du poids des malheurs publics, hélas ! trop prolongés. — Et quand pourrois-je élever ma voix avec plus de confiance, qu'au retour prochain de l'abondance et de la prospérité? Voyez-les s'avancer vers nous sur les pas de la paix ! — Homme dur ! tu te retranchois quelque fois avec tes refus dans les malheurs des tems, dans la commune détresse appellée par la guerre et par la révolution. Maintenant il n'est plus de révolution, il n'est plus de guerre, et tes prétextes cessent, ou tu mentirais à ta conscience avec encore plus d'impudeur. — Et cependant, où moins que dans cette grande cité, devoit-on se plaindre des calamités de la guerre? et à qui moins encore appartenoit-il de se lamenter ainsi qu'à sa classe opulente? Combien de riches en effet ont cruellement *spéculé* (comme ils l'appellent) sur les malheurs des tems, et en ont su tirer un énorme profit? Combien de fortunes se sont rapidement élevées, graces à la crise sociale d'où nous sortons, et étalent déjà un faste insolent, sans le racheter en aucune manière par des bonnes œuvres ou par des aumônes ! — Laissons se plaindre des malheurs des tems nos villes frontières, nos ports maritimes : mais la Providence, quand toutes les ressources se paralysoient ailleurs, n'en avoit elle pas ouvert ici une précieuse dans ce vaste commerce d'entrepôt, né d'une conjoncture sous tant d'autres rapports ruineuse et dévastatrice ? — Ce qui souffroit véritablement, c'étoient l'artisan, le manufacturier, l'artiste, placés dans les rangs inférieurs de la société ; et ils souffrent encore ; et ils sont épuisés d'attente. Favori de Mammon, oui, je suis auprès de toi leur organe, et dans le progressif oubli des principes de la piété, j'espère t'émouvoir encore plus facilement au nom de l'*honneur*, qu'au nom de la religion. Ici, *se conduire avec honneur*, est ce que l'évangile appelle en d'autres termes, *sanctifier les richesses iniques, s'en faire un diadême de gloire, des introducteurs dans le royaume céleste.* Favori de Mammon, exerce avec empressement cette sainte usure, seule capable d'expier l'autre, seule digne d'en effacer l'opprobre! Dans tous les tems on a cru devoir signaler les fêtes publiques, les réjouissances nationales, par la bienfaisance. D'abondantes distributions de pain et de vin, mais qui trop souvent de solemnelles devenoient scandaleuses, des repas hospitaliers donnés aux pauvres, des dotations de couples indigens, de pieuses fondations, appartenaient essentiellement à la célébration des époques mémorables et en perpétuoient dans le peuple l'auguste souvenir. — Parmi les torts de notre révolution, les ames sensibles déplorent aussi l'exhérédation du pauvre. *Conduisons-nous avec honneur,* en réparant aussi ce tort, et faisons, autant qu'il sera en nous, cesser ce reproche. Le denier de la veuve sera aussi agréable aux yeux de Dieu,

que la plus opulente offrande. O mes frères !
la patrie vous en sollicite au nom de la paix ;
la religion vous en conjure au nom de la charité;
je vous en supplie avec elles, au nom de l'amitié
que vous me portez, et pour l'encouragement
de mon ministère. Qu'en tendant quelque
secours extraordinaire à cette respectable classe
de pauvres que l'on appelle *honteux*, je puisse
dire à ces braves gens : « Voilà le fruit de la
« paix ! voilà le résultat d'un saint appel à
« *l'honneur* ! voilà le gage de la cessation de
« vos peines, le symbôle d'une prospérité re-
« naissante! » Ainsi soit-il !

PRIÈRE APRÈS LE DISCOURS.

O Dieu ! tu fis l'homme pour l'état social ;
tu le portas par un invincible attrait à recher-
cher son semblable ; tu lui inspiras des affections tendres, communicatives, bienfaisantes.
Dans l'âge fortuné de l'innocence primitive ré-
gnoient la concorde et la paix. La société, dé-
générée par la corruption, appella dans son
sein, à la suite des passions insatiables et hai-
neuses, de l'orgueil, de l'ambition, de l'avarice, la guerre et toutes les calamités et tous
les fléaux qui l'accompagnent. Depuis la première goutte de sang qui rougit la terre nou-

vellement frappée de ta malédiction, jusqu'à celui dont fument encore autour de nous, et dans des contrées lointaines, tant de campagnes désolées, tant d'habitations détruites, que c'est pour l'homme sensible un spectacle d'horreur et de désespoir de voir l'homme constamment acharné à la perte de l'homme, tantôt mercenaire de despotes insolens, tantôt esclave d'un farouche honneur, ou jouet d'une politique usurpatrice et fantasque! — O Dieu! si nous ne pouvons penser sans frémir à ces tableaux déchirans, à ces accablantes vérités, combien nous devons, au contraire, apprécier le bienfait de la paix! combien nous devons bénir la fête de son retour fortuné! — Graces t'en soient rendues, ô notre Dieu! Qu'ils partagent notre reconnoissance, mais dans une distance respectueuse, ceux qui ont été des instrumens en ta main pour nous procurer cet inestimable avantage, soit par un intrépide courage, soit par les conseils de l'humanité et de la sagesse, soit par le talent des négociations conciliatrices! O! puisse le Congrès prêt à s'ouvrir, achever, consolider bientôt cet important ouvrage! que la prudence éclaire, que l'humanité dirige la politique! que le résultat soit ta gloire et le salut des peuples! — Quand verrons-nous le globe entier l'inviolable sanc-

tnaire de la paix? quand, sous les auspices de
la liberté et du progrès des lumières, l'imperturbable durée de son règne ne sera-t-elle plus
un vain rêve de la vertu et de la philosophie?
—Achemine progressivement toutes les nations
à l'honorable jouissance de leurs droits.—Bénis en particulier celle à laquelle nous nous honorons d'appartenir. Bénis le suprême pouvoir
chargé de l'exécution des loix, et en particulier le Héros Pacificateur! Bénis toutes les autorités, législative, administrative, judiciaire!
que l'ordre, ressuscité du milieu des débris, ne
soit plus ébranlé par de nouvelles secousses!
que le génie du mal soit incapable de nous entraîner dans un nouvel abyme par d'incendiaires machinations! que par-tout règnent la sécurité, l'abondance, la prospérité! *Si tu es
pour nous, qui sera contre nous?*

Bénis ton église! recueille les troupeaux dispersés! multiplie et fortifie ceux qui se sont
maintenus! qui l'instruction éclaire le zèle!
que la bienfaisance et la piété l'honorent! Hâte
le tems fortuné où tous les cultes, réunis en un
même esprit, éleveront vers ton trône un hommage digne de l'Etre infini qui le reçoit, digne
de l'être intelligent et sensible qui l'offre!

Bénis spécialement ce troupeau! fais y fleurir le bon exemple et l'édification! couronne

des succès les plus désirés l'éducation et l'instruction chrétienne!

Console, soulage, délivre ceux qui souffrent! qu'ils se résignent à ta volonté paternelle par la confiante attente d'un meilleur avenir!

Sois, ô Dieu! tout en tout, et puissions-nous, chaque jour plus dignes de t'appartenir comme tes enfans, te dire avec toute l'effusion de la tendresse filiale : *Notre Père!* etc.

De l'imprimerie de H. J. JANSEN, rue des Maçons-Sorbonne.

tuaire de la paix? quand, sous les auspices de la liberté et du progrès des lumières, l'imperturbable durée de son règne ne sera-t-elle plus un vain rêve de la vertu et de la philosophie? —Achemine progressivement toutes les nations à l'honorable jouissance de leurs droits.—Bénis en particulier celle à laquelle nous nous honorons d'appartenir. Bénis le suprême pouvoir chargé de l'exécution des loix, et en particulier le Héros Pacificateur! Bénis toutes les autorités, législative, administrative, judiciaire! que l'ordre, ressuscité du milieu des débris, ne soit plus ébranlé par de nouvelles secousses! que le génie du mal soit incapable de nous entraîner dans un nouvel abyme par d'incendiaires machinations! que par-tout règnent la sécurité, l'abondance, la prospérité! *Si tu es pour nous, qui sera contre nous?*

Bénis ton église! recueille les troupeaux dispersés! multiplie et fortifie ceux qui se sont maintenus! qui l'instruction éclaire le zèle! que la bienfaisance et la piété l'honorent! Hâte le tems fortuné où tous les cultes, réunis en un même esprit, éleveront vers ton trône un hommage digne de l'Etre infini qui le reçoit, digne de l'être intelligent et sensible qui l'offre!

Bénis spécialement ce troupeau! fais y fleurir le bon exemple et l'édification! couronne des succès les plus désirés l'éducation et l'instruction chrétienne!

Console, soulage, délivre ceux qui souffrent! qu'ils se résignent à ta volonté paternelle par la confiante attente d'un meilleur avenir!

Sois, ô Dieu! tout en tout, et puissions-nous, chaque jour plus dignes de t'appartenir comme tes enfans, te dire avec toute l'effusion de la tendresse filiale : *Notre Père!* etc.

De l'imprimerie de H. J. Jansen, rue des Maçons-Sorbonne.